MÉMOIRE

SUR LES DIFFÉRENTES MÉTHODES

EMPLOYÉES POUR MODÉRER LES VITESSES

DES

TRAINS SUR PENTES

ET EN PARTICULIER SUR LE

FREIN A VAPEUR

Système A. de LANDSÉE

ingénieur civil, à Mulhouse

MULHOUSE

TYPOGRAPHIE DE L. L. BADER

—

1867

MÉMOIRE

SUR LES

DIFFÉRENTES MÉTHODES EMPLOYÉES POUR MODÉRER LES VITESSES DES TRAINS SUR PENTES

ET EN PARTICULIER

SUR LE FREIN A VAPEUR.

Système A. de LANDSÉE, ingénieur civil à Mulhouse.

Considérations générales.

Parmi les grandes questions qui se recommandent à l'attention des Compagnies de chemins de fer, se place au premier
rang celle des *freins*. Cette question est, en effet, intimement
liée, au point de vue de la sécurité, de la régularité de la marche
des trains, tant à nos intérêts moraux qu'à nos intérêts matériels.
On conçoit donc l'empressement avec lequel on accueille aujourd'hui les nouveaux systèmes, surtout, si l'on y retrouve les conditions qui caractérisent un bon frein, savoir : effets énergiques,
fonctionnement sûr et régulier, et simplicité de manœuvre, conditions qui seules peuvent assurer une sécurité complète.

Au point de vue général, *le but d'un frein* est de *diminuer*
ou de *réduire complètement* le travail mécanique dont, à un
moment donné, la masse d'un train est animée, à l'aide d'une
force retardatrice produite par la conversion du frottement de
roulement en frottement de glissement, ou plutôt par l'augmentation de ce dernier.

Le premier de ces effets, ou modération des vitesses des trains,
est une mesure obligatoire dans l'exploitation d'un chemin de fer
où la voie offre souvent des courbes et des pentes assez prononcées. Le deuxième, la réduction complète, se présente, soit à l'ap-

proche des stations, soit en marche lorsqu'un obstacle nécessite un arrêt immédiat.

Examen des divers systèmes de freins.

Les différents systèmes, employés jusqu'à ce jour, sont :
1° Les freins à sabots;
2° La contre-vapeur;
3° L'appareil à valves;
4° L'appareil de Bergues;
5° L'appareil Lechatelier-Ricour.
Nous allons examiner successivement ces diverses méthodes, en en faisant ressortir les avantages et les désavantages.

1° *Freins à sabots.*

Le système le plus employé, encore aujourd'hui, est celui des freins à sabots, appliqués en nombre suffisant aux véhicules du train. Leur intensité, comme force retardatrice, ou plutôt comme résistance au glissement des wagons, est proportionnelle au poids du wagon, et varie avec la vitesse du glissement. (Poiret Bochet, 1861.)

Les inconvénients que présente un pareil système sont trop connus pour qu'il soit nécessaire de les rappeler ici : la pratique a suffisamment prouvé que ces freins sont tout-à-fait insuffisants.

2° *Contre-vapeur.*

Le point le plus essentiel pour nous est de nous occuper très-minutieusement d'une force retardatrice qui prendrait sa source dans le moteur lui-même, c'est-à-dire dans la machine-locomotive qui se trouve à la tête du train. On comprend en effet que la force retardatrice la plus énergique et la plus efficace doit tirer son origine de la source même où la machine a puisé la force accélératrice, grâce à laquelle le train a été mis en mouvement.

Pour mieux nous faire comprendre, nous allons prendre un exemple :

Supposons qu'une machine monte une rampe avec une forte charge ; que, d'après les conditions climatériques, elle puisse disposer d'un coefficient d'adhérence de $^1/_6$; que la vitesse, avec laquelle elle a pu atteindre le sommet, soit bien en rapport avec les conditions d'évaporation de la chaudière ; et enfin que le travail effectué ait prescrit une admission de vapeur dans les cylindres, comme force accélératrice, égale à 80 °/₀ par rapport à la course du piston.

Arrivés au sommet de la rampe, nous retournons le problème et nous voulons descendre dans des conditions identiques à celles de la montée. Les conditions climatériques étant les mêmes, la poussée du train demandant une admission de vapeur, comme force retardatrice, dans les cylindres, égale à 80 °/₀, et allant à la rencontre du piston dans le sens contraire du mouvement du train, nous arrivons au but principal de cette note, savoir : *Le mécanisme de distribution de vapeur, dans les conditions employées jusqu'à ce jour, ne peut donner l'admission que demanderait une telle marche.*

Entrons encore plus intimement dans la démonstration au cas où une admission de vapeur, comme force retardatrice, égale au minimum à 80 °/₀, serait nécessaire. Supposons que la même machine, remorquant le même train, marche en avant, et qu'un motif quelconque nécessite un arrêt subit. Le mécanicien, après avoir sifflé au frein, *battra contre-vapeur :* il mettra pour cela ıe levier de changement de marche sur le côté *AR* du secteur. De cette manière l'excentrique, destiné à la marche en *AR*, transmettra son mouvement de va-et-vient au tiroir, et cependant les roues de la machine tournent toujours dans le sens de la marche *AV* par suite de la force vive acquise du train. Il résulte, de cette disposition, une distribution de vapeur qui n'est pas prévue pour une marche ainsi comprise, et qui diffère essentiellement de celles correspondant aux marches en *AV* et en *AR*, et distribuant la vapeur comme force accélératrice. Cette distribution, que nous appellerons une *distribution mixte,* peut se représenter plus clairement, en se figurant que le sens de la marche du tiroir passe tout-à-coup dans le sens inverse par rapport à la marche ordinaire du piston.

Recherchons maintenant les suites d'une distribution semblable, et examinons les avantages et les désavantages d'une pareille marche :

Supposons, un instant, qu'un des pistons se trouve à l'un de ses points morts : La position du tiroir à ce moment correspond à l'avance linéaire. Le levier de changement de marche ayant été renversé, nous admettons qu'il se trouve au dernier cran du secteur, c'est-à-dire au cran donnant la plus grande course du tiroir, mais, par contre, donnant comme avances linéaires les valeurs minima de la distribution. La machine marchant toujours en AV, le tiroir, au lieu de s'apprêter à donner l'ouverture maxima d'admission, a changé le sens de son mouvement, et ferme, après avoir parcouru son avance linéaire, complétement l'introduction de vapeur dans le cylindre. On conçoit que la force accélératrice, qui aura pu se produire de ce côté du piston, ayant eu pour ouverture maxima d'admission l'avance linéaire dont la valeur pour le dernier cran du secteur n'est généralement que d'un millimètre, sera d'une minime importance. Néanmoins nous en tiendrons compte, ayant relevé sur différentes machines toutes les phases d'une pareille marche.

1re Phase. — Force accélératrice.

La course du piston, à partir du point mort jusqu'au moment où le tiroir intercepte l'admission, a été, en moyenne, de $0,04\,l$, en désignant par l la course du piston ; si, de plus, O est la surface du piston, une cylindrée est $O.\,l$; l'espace nuisible correspond à $0,05 \times O.\,l$: le volume de vapeur admis peut donc se poser $= 0,05 \times O.\,l + 0,04 \times O.\,l.$

Force retardatrice.

Pendant que le piston s'éloignait du point mort, le côté opposé communiquait librement avec le tuyau d'échappement : le volume primitif, qui était $= O.\,l. + 0,05.\,O.\,l$, a diminué, en surmontant la pression atmosphérique, d'une quantité $= 0,04.\,O.\,l$: il reste donc à la fin de cette phase un volume $= (O.\,l. + 0,05.\,O.\,l)$ $- 0,04.\,O.\,l = 1,01.\,O.\,l.$

Il est à remarquer déjà ici que ce volume déplacé $0,04.\,O.\,l$ faisant partie de l'air précédemment aspiré par la cheminée, et fortement chauffé par le contact des gaz chauds accumulés dans la boîte à fumée avait, comme il a été dit plus haut, à vaincre la pression atmosphérique. — En suivant jusqu'à la fin les dernières périodes, on comprendra facilement cet effet d'aspiration.

2ᵉ Phase. — Force accélératrice.

Admettons que notre tiroir dispose d'un recouvrement intérieur de 0 $^m/_m$, ce qui nous permet de joindre deux phases ensemble, c'est-à-dire que : au moment où la détente de ce côté du piston arrive à sa fin, le côté opposé intercepte le passage de l'échappement. Le piston avance : la durée de la détente est de $0,08.\,l$, le volume primitif de la vapeur admise étant $= 0,09.\,O.\,l$, il s'est donc accru d'un volume $= 0,08.\,O.\,l$. D'où l'on peut conclure que le volume primitif, dans lequel la vapeur a été admise comme force accélératrice, s'est détendu à peu près au double. A la fin de cette phase, le piston a parcouru, à partir de son point mort, un chemin de $0,04\,l + 0,08\,l = 0,12.\,l$, et le volume qui va entrer dans une nouvelle phase, l'échappement, correspond à $0.12.\,O.\,l + 0.05.\,O.\,l = 0,17.\,O.\,l.$

Force retardatrice.

Le côté opposé du piston, communiquant toujours librement avec l'échappement jusqu'à la fin de la détente, continue à déplacer un volume d'air chaud égal à $0,08.\,O.\,l$; ce déplacement s'effectue dans des conditions analogues à celles de la phase 1. Le volume de $1,01.\,O.\,l$ (volume qui restait après le déplacement de $0,04.\,O.\,l$, a été ainsi diminué de $0.08\,O.\,l.$), par suite le volume, à la fin de cette phase où la position du tiroir intercepte le passage de l'échappement, est égal à 0,93. *O. l.*

3ᵉ Phase.

En revenant de nouveau de ce côté, nous avons laissé le tiroir dans la position où il commence à ouvrir pour laisser échapper la vapeur admise et détendue (comme force accélératrice), pendant que, grâce à la même position du tiroir, l'échappement a été intercepté du côté opposé du piston, et que la compression (de l'air chaud) commence par la continuation de la marche du piston.

L'échappement de ce côté pouvant se faire librement jusqu'à la fin de la course du piston et même au-delà, le volume de 0,17. *O. l* s'accroît jusqu'à ce qu'il devienne = 1,05. *O. l.* On conçoit facilement que, par suite de cet accroissement = 6,2, du volume 0,17. *O. l*, l'air a pu librement passer par le tuyau d'échappement : cette augmentation de volume fait l'effet d'une aspiration, de manière que, lorsque le piston est arrivé au côté opposé du point mort, on dispose d'une cylindrée d'air chaud aspiré.

Force retardatrice.

Pendant que la phase de l'échappement ou plutôt l'aspiration se produisait ainsi, le côté opposé du piston passait par deux phases différentes. L'une comprend la compression de l'air chaud enfermé, qui n'a pu s'échapper par suite de la fermeture du tiroir ; l'autre, par la continuation du mouvement du piston et du mouvement du tiroir dont la position en dernier lieu est telle, que la vapeur sortant de la chaudière puisse venir à la rencontre du piston, comprend la contre-pression produite par le refoulement du mélange.

L'air chaud est comprimé pendant 0,25 *l.* Le volume primitif était, comme nous l'avons démontré, de 0,93. *O. l.* Le rapport de la diminution de volume est donc 1 : 0,279 : autrement dit, le volume primitif d'air chaud a été réduit, par la compression, à environ $^3/_4$ de sa valeur. La température de l'air chaud peut être évaluée à 200°, et sa pression, au commencement de la compression, à 1 atmosphère.

En négligeant l'influence peu considérable du coefficient d'expansion de l'air par l'augmentation de la température initiale, nous pouvons assimiler la loi de Mariotte à celle de Gay-Lussac; de cette manière, nous disposons, à la fin de la compression, d'un volume d'air chaud de 0,68. $O. l.$ à une pression de $1^{atm},25$ et à une température de 250°. Si nous voulons déterminer le travail mécanique effectué pendant cette phase, nous emploierons la formule bien connue :

$$T = O.p.l, \, log. \, nat. \left(\frac{p_i}{p} \right) \text{ dans lesquelles :}$$

$T =$ travail en kgmtres $\quad | \quad p =$ pression de l'air chaud à l'origine
$O =$ surface d'un piston $\quad | \quad p_i = \quad$ d° à la fin de la compression
$l_i = 0,93 \, l = 0,93$ de la course du piston, dans ce cas spécial.

Nous aurons donc, pour la force moyenne P du piston, en posant $l - l_i = X$, l'expression :

$$P = \frac{T}{X} = O.p. \frac{l_i}{X} log. \, nat. \left(\frac{p_i}{p} \right)$$

Nous nous abstiendrons de faire entrer dans cette formule des valeurs numériques, vu le peu d'importance du résultat. Nous ferons seulement remarquer la température excessivement élevée qui règne dans le cylindre à la fin de cette phase de compression.

Le piston est alors arrivé à avoir devant sa face un volume $= 0,68. O. l$, et va refouler en plein la vapeur qui vient à sa rencontre. Le tiroir, qui ouvre très-lentement, est sur le point d'arriver au bout de sa course, en offrant d'abord l'ouverture maxima d'admission à la contre-vapeur; c'est alors seulement. qu'il commence à refermer en rétrogradant jusqu'à ce que la quantité $=$ l'avance linéaire est atteinte : cette dernière position du tiroir correspond au point mort du piston, mais celui-ci a parcouru un chemin $= 0,68 \, l$. — La force retardatrice produite

par ce refoulement est la cause la plus essentielle du ralentisse-
ment du train.

En admettant donc comme admission cette période de refoulement = 0,63 l, ce qui n'est pas toujours rigoureusement exact,
le mouvement du piston, étant relativement plus rapide que celui
de l'ouverture du tiroir (phase qui se produit juste à l'inverse
pour des admissions ordinaires, forces accélératrices), nous pouvons conclure, en ayant recours aux résultats donnés par les dia-
grammes relevés sur des machines, que cette force retardatrice
correspond au maximum à une admission de 0,53 l, au lieu de
0,80 l. (Voir page 5.)

Reportons-nous maintenant à ce que nous avons souligné page
5, et continuons à faire ressortir les inconvénients de la marche
à contre-vapeur. La température excessivement élevée, qui se
produit dans les cylindres, volatilise promptement les parties
onctueuses, et le frottement du piston détériore l'intérieur des
cylindres. Les garnitures des presse-étoupes se brûlent, et les
soupapes indiquent en peu de temps, par l'accumulation d'air
comprimé, un degré de pression anormal.

On comprendra facilement que ce mode de marche ne saurait
être d'un emploi fréquent, surtout si ce moyen devait être employé comme modérateur de vitesse sur des pentes un peu prononcées.

Remarque. — L'étude approfondie et raisonnée de cette grande
question de la contre-vapeur a amené quelques ingénieurs à la
construction de divers appareils qui, tout en supprimant quel-
ques-uns des inconvénients, n'offrent pas encore par leur emploi
cet effet efficace et régulier que présente la machine dans sa force
de traction accélératrice, pouvant varier par rapport à son adhérence de $^1/_{10}$ à $^1/_3$.

Nous allons examiner successivement ces diverses méthodes,
et nous terminerons cette étude en proposant l'adoption d'un
nouveau système que nous avons appelé *frein à vapeur.*

3° *Valves.*

Un des systèmes les plus anciens, qui nous est venu de Vienne, Autriche, (nous donnons ce renseignement sous toutes réserves), consiste dans l'application d'une valve dans chacun des tuyaux d'échappement. A l'aide d'un petit mécanisme disposé sur la machine, on parvient, à un moment donné, à fermer chaque tuyau d'échappement. En même temps, on a soin de mettre le levier de changement de marche au premier cran à partir du point mort du secteur dans le sens de la marche de la machine ; il est nécessaire d'employer ce cran, parce qu'il offre la moindre admission possible comme force accélératrice : dans le sens de la marche de la machine, cette faible admission suffit pour tenir en état humide les parties frottantes dans les cylindres.

Le principe fondamental de ce système repose sur une augmentation de la simple compression. En effet, les deux tuyaux de l'échappement étant fermés, la vapeur qui, lorsqu'elle s'est détendue, s'apprête à sortir du cylindre, rencontre la valve fermée. Ce moment correspond au commencement de l'échappement anticipé ; il est de plus à présumer que les valves ne fermant jamais très-hermétiquement, ne pourront pas empêcher une certaine évacuation pendant que le piston continue sa course jusqu'à son point mort. D'où il est permis de conclure qu'un équilibre de pression, peu différent de la pression atmosphérique, règne dans l'intérieur du cylindre au moment où le piston rebrousse chemin.

1ʳᵉ Phase. — *Force accélératrice.*

En suivant, comme nous l'avons fait déjà, les différentes phases, nous trouvons, le piston étant supposé au point mort, une ouverture d'admission égale à l'avance linéaire. A ce cran, l'avance linéaire est à peu près la plus grande que la distribution puisse donner, et en même temps elle diffère très-peu de son ouverture maxima d'admission.

L'admission se fait donc pendant que le piston parcourt un chemin $= 0,15\ l$. Si nous désignons par :

$O =$ surface d'un piston
$l =$ course du piston

$0,05.\ O.\ l =$ vol^e de l'espace nuisible
$0,12.\ O.\ l =$ coefficient de l'espace nuisible dans le tuyau d'échappement jusqu'au dessous d'une valve.

Le volume de vapeur admise dans le cylindre, comme force accélératrice, sera $= 0,15.\ O.\ l + 0,05.\ O.\ l = 0,2.\ O.\ l$; admettons que cette vapeur possède une tension de 5,5 atmosphères effectives.

Force retardatrice.

Pour cette période d'admission qui produit en réalité une force accélératrice, nous avons, du côté opposé du piston, échappement. Mais la valve ayant fermé cette issue, la compression commence déjà à partir du point mort. Comme volume initial, nous avons : (une cylindrée $= O.\ l$) $+$ (espace nuisible et canal $= 0,05.\ O.\ l$) $+$ volume jusqu'au-dessous de la valve $= 0,12.\ O.\ l$) $= 1,17.\ O.\ l$.

Nous avons admis que la pression initiale, dans l'enceinte du volume $1,17.\ O.\ l$ est $=$ une atmosphère. Par la compression, le volume $1,17.\ O.\ l$ diminue d'une quantité équivalente à l'admission $0,15.\ O.\ l$, et devient $1,17.\ O.\ l - 0,15.\ O.\ l = 1,02.\ O.\ l$, tel est le volume final : la pression finale serait $= 1^{\text{atm}},147$. Mais, à cause de la fermeture douteuse de la valve, on peut faire entrer un coefficient de correction $= 0,5$: nous aurons donc, pour la pression finale dans cette première période, au lieu d'une augmentation de $0^{\text{atm}},147$, une augmentation seulement égale à $0,147 \times 0,5 = 0,0735$, et la pression finale sera $= 1^{\text{atm}},0735$.

2e Phase. — *Force accélératrice.*

Après cette admission de 15 °/₀, nous trouvons une détente de 50 °/₀; seulement, il faut considérer que lorsque 40 °/₀ de la détente sont effectués, le tiroir, qui doit disposer dans ce cas de

1 $^{m}/^{m}$ de recouvrement intérieur de chaque côté, intercepte du côté opposé la communication du dessous de la valve avec l'intérieur du cylindre.

Suivons d'abord ce qui se passe pendant les 40 °/₀ de détente. Nous avons trouvé que pendant 15 °/₀ nous avions introduction, et nous disposons d'une pression initiale de 5,5 atm^{res} effectives. Mais la compression, montant à une pression effective de 1^{atm},0735 comme pression finale du côté opposé du piston, donne, au moment où la détente commence, une pression effective de 5,5 — 1,0735 = 4^{atm},426.

Le volume, qui s'accroît de la quantité 0,40. $O. l$, devient 0,2. $O. l$ + 0,4 $O. l$ = 0,60. $O. l$. La pression, qui était au commencement de la phase = 4^{atm},426, sera, à la fin, = 1^{atm},475.

Force retardatrice.

Du côté opposé, le volume subissait de même une diminution de 0,40. $O. l$. Nous avons trouvé qu'à la fin de la phase 1 nous disposions d'un volume de 1,02. $O. l$, et d'une pression finale de 1^{atm},0735. Par cette diminution, de 0,40. $O. l$, le volume final dans cette phase devient = 1,02. $O. l$ — 0,40. $O. l$ = 0,62. $O. l$; et la pression, qui s'exerce dans ce cas comme compression sur la face du piston, devient, avec le coefficient de correction 0,5, égale à 1^{atm},45 = pression finale. — On voit, par ces chiffres, que le piston est arrivé jusqu'à 55 °/₀ de sa course, sans aucune compression notable.

Devant le piston, la pression est = 1^{atm},475
et derrière,   »   = 1^{atm},45.

Les 10 °/₀ de détente, que le piston a encore à faire avant de laisser échapper la vapeur introduite et détendue, produisent un abaissement de tension.

Volume initial de cette phase = 0,60. $O. l$ et Pression initiale = 1^{atm},475.

Volume final = 0,6 + 0,1 = 0,70. $O. l$ et Pression finale = 1,26.

Du côté opposé commence maintenant la véritable compression, compression dont chaque cran de la distribution dispose à un degré plus ou moins grand. Le tiroir ayant intercepté la communication entre le dessous de la valve et l'enceinte du cylindre, le volume qui, pendant 30 % de chemin subira une compression, ne sera plus $= 0,62. O. l$, mais bien $= 0,62 O. l, -0,12 O. l = 0,50 O. l$ volume initial.

3ᵉ Phase.

La pression initiale dans $0,50. O. l$ est, comme on l'a dit plus haut, $1^{atm},45$. Cette compression dure pendant 30 % de la course du piston. Donc nous avons :

Vol. initial $= 0,50. O. l$ et pression initiale $= 1^{atm},45$.

Vol. final $= (0,50 -0,30) O. l = 0,20. O. l$ et pression finale $= 3^{atm},6$.

La dernière partie de la course du piston, pour atteindre son point mort, s'effectue avec une contre-pression de la vapeur venant de la chaudière, pression que nous avons admise de $5,5^{atm}$: les $3^{atm},6$ s'assimilent avec la pression qui vient à la rencontre du piston, et le chemin de 15 % offre en dernier lieu la plus grande force retardatrice.

Le côté opposé, que nous avons considéré comme ayant pu offrir une introduction, est, pendant toute la durée de la dernière phase, dans la période du plein échappement. Mais la valve, qui empêche cet échappement, ne fait que retenir la quantité de vapeur : quant à la pression de cette vapeur, elle tombe tellement bas que, lorsque nous admettions plus haut une pression de 1^{atm}, nous ne nous écartions pas trop de la vérité.

En résumé :

Le système des valves est peu efficace dans ses effets, et son application ne saurait être d'un emploi fréquent.

De ce qui précède, et en nous rapportant à nos expériences on peut conclure que la force retardatrice obtenue équivaut à un

coefficient d'adhérence correspondant à une admission au maxi
mum de 23 % par rapport à la course du piston.

4° *Appareil de Bergues.*

L'appareil de M. de Bergues a pour principe fondamental la
compression d'une certaine quantité d'air qui, pris au dehors de
la boîte à fumée, est refoulé, par les tuyaux d'admission, dans
un réservoir appliqué à cet effet sur la chaudière et indépendant
de cette dernière.

La manœuvre de cet appareil exige :

1° La fermeture complète du régulateur principal ;

2° Le rabattement d'une valve appliqué dans le tuyau de l'é-
chappement, qui ferme le passage par lequel la vapeur sort ordi-
nairement dans la cheminée, mais qui ouvre un orifice à travers
lequel l'air pris extérieurement peut entrer dans le cylindre ;

3° Le renversement complet du levier de changement de marche, (manœuvre qui ressemble à celle de la contre vapeur).

Il résulte de là une distribution, que nous avons décrite page 5,
et appelée distribution mixte.

Supposons que l'appareil fonctionne, et observons ce qui se
passe dans un cylindre. Nous retrouvons ici les phases que nous
avons décrites aux pages 6 et 7, etc.

Nous trouvons à la page 8, comme force retardatrice, un volume initial de 0,93.0 l., qui ne sera plus composé d'air chaud,
mais d'air pris à l'extérieur : ce volume subit une diminution
page 8, de 0,25.0 l., d'où résulte une compression. Ce volume
comprimé est, à la fin de cette phase, mis en communication page
9, (grâce à la position du tiroir), avec l'intérieur des deux boîtes
du tiroir, des deux tuyaux d'admission et du réservoir. La position du piston est, à ce moment, à 37 % de la course à partir du
point mort, pendant que l'autre piston est à 87 %, les deux pistons allant dans le même sens. — Nous pouvons, sans nous écar-
ter trop de la vérité, admettre que le volume des deux boîtes des
tiroirs, des deux tuyaux d'admission et du réservoir est égal à

une cylindrée = $O. l$. Supposons que la pression initiale de ce volume $O. l$, correspond à 1 kilogramme par centimètre carré. Nous aurons pour une course du piston, un volume initial $= O. l$, + 0,5. $O. l$, 0, + 05. $O. l$, = 1,55 $O. l$, à une pression de 1 kilogramme.

Considérons la manivelle de gauche piquée vers le cylindre (point mort), celle du côté droit se trouvant en bas (moitié de sa course), et les deux manivelles tournant dans le sens de la marche en Av.

Le volume initial de 1,55 $O. l$, à la pression de 1 kilogramme subit, pendant une course du piston côté droit = 37 %, une diminution de 0,37. $O. l$, d'où résulte un pression finale de 1 hgr. 31 dans le volume final = 1,55 $O. l$, — 0,37. $O. l$, = 1,18. $O. l$.

Pendant la marche de 37 %, le piston de gauche a produit une compression qui, d'après page 9, a été telle qu'un volume de 0,93. $O. l$, a été réduit à peu près à 3/4 du volume primitif.

Supposons que la pression finale de cette compression coïncide avec celle de 1 kgr. 31 : nous trouvons qu'à partir de ce point, le volume final de 1,18 $O. l$, à la pression de 1 kgr, 31 s'augmente tout-à-coup d'un volume 0,68. $O. l$, à la même pression : donc, pendant un chemin du piston de 13 %; de part et d'autre, le volume initial qui était en dernier lieu = 1,18 $O. l$ + 0,68 $O. l$ = 1,86 $O. l$, à la pression de 1 kgr 31, a été réduit de 2 fois le volume 0,13 $O. l$, c'est-à-dire de 0,26. $O. l$: le piston du côté droit a atteint son point mort, et la pression finale dans le volume final qui est = 1,86 O, l — 0,26 $O. l$ = 1,6 $O. l$, devient 1 kgr 52. — Le piston du côté gauche a encore à refouler pour atteindre son point mort, un volume de 0,5 $O. l$; mais au même moment, le piston du côté droit part de son point mort, et donne une introduction de 4 % : par suite 0,50 devient 0,46 et nous n'aurons à considérer en dernier lieu qu'un volume initial de 1,6 $O. l$, à une pression initiale de 1 kgr 52, qui subit une diminution de 0,46, $O. l$. Le volume final = 1,6. $O. l$ — 0,46. $O. l$ = 1,14 $O. l$, est alors à une pression de 2 kgr. 12.

On voit que pour un demi-tour de roue on porte une pression initiale de 1 kilogramme (que nous avons supposé celle de l'intérieur du réservoir), à une pression finale de 2 kgr 12.

Sans pousser plus loin notre démonstration, on voit aisément suivant quelle progression rapide croîtrait l'effet théorique de cet appareil: mais, par suite de la difficulté d'obtenir des joints hermétiques et du frottement des pièces en mouvement, il faut appliquer des coefficients de rendements très-prononcés. Nous supposons que cet appareil entraîne un excès de graissage : Du reste, n'ayant pu nous procurer des renseignements officiels, nous nous abstenons de juger de l'efficacité de l'appareil de M. de Bergues. Nous ferons seulement, en terminant, une dernière observation relativement à la manière d'obtenir une force retardatrice : — La force accélératrice est obtenue à l'aide d'une vapeur saturée : la force retardatrice à l'aide de l'air comprimé : Dans le premier cas, on peut compter sur un rendement de 85 o/° par rapport à la quantité de vapeur admise : dans le deuxième, nous doutons fort que l'on puisse obtenir un rendement aussi efficace.

IV. — *Appareil Lechatelier.*

Dans ces derniers temps, l'appareil de M. Lechatelier, expérimenté par M. Ricour, a été pris en sérieuse considération. La Compagnie des chemins de fer de Paris à Lyon et à la Méditerranée a fait paraître en Décembre 1866 une « note sur l'emploi de la contre-vapeur pour modérer la vitesse des trains » (système Lechatelier), signé : E. Marié, ingénieur en chef adjoint du matériel et de la traction. Cette note très-complète examine dans les moindres détails tout ce qui est relatif à cette question : définition de la contre-vapeur, réaction sur le piston, marche directe et marche inverse, contre-vapeur recommandée comme frein, inconvénients relatifs au mécanisme, nécessité d'une solution, — changement de marche à vis, description et avantages de ce système, — injection d'eau et de vapeur, description de l'appareil, avantages de ce dernier, précautions à prendre, résultats d'expériences.

Nous renverrons donc à cette note pour les détails ; mais nous ferons les observations suivantes :

Le principe fondamental de ce système est celui du simple renversement à contre-vapeur, décrit page 5. avec cette différence que l'on a soin, avant le renversement, de préparer un mélange de vapeur et d'eau, qui envoye dans chaque tuyau d'échappement, doit remplacer avantageusement l'air chaud aspiré en empêchant la surchauffe qui est inévitable pour une distribution ordinaire. Ce résultat est, à notre avis, chèrement acheté par une dépense notable de vapeur qui s'échappe dans la cheminée. En effet :

Si nous considérons de nouveau la manivelle de gauche piquée vers le cylindre (piston gauche au fond de sa course) la manivelle de droite se trouve en bas (piston droit au milieu de sa course). — Du côté gauche, l'insufflation agit sur la face d'arrière du piston (pendant la période d'aspiration), pendant que celui-ci parcourt un chemin de 88 $\%$: il rétrograde et c'est seulement après un chemin de 12 $\%$ que la position du tiroir supprime le contact direct du mélange insufflé avec cette face du piston : Il y avait donc de ce côté une perte de vapeur et d'eau chaude considérable, le mélange s'échappant dans la cheminée. — Un effet semblable se produisait sur la face d'arrière du piston de droite : ce piston se trouve à moitié de sa course, et il va dans le même sens que celui de gauche : l'insufflation, agissait donc sur la face d'arrière du piston : le piston a encore 50 $\%$ de sa course à parcourir ; il rétrograde de 12 $\%$, et c'est alors seulement que le tiroir supprime le contact du mélange insufflé avec le piston de droite : il y avait donc aussi, pour ce côté, pendant 62 $\%$ de la course du piston une quantité notable du mélange qui sortait par la cheminée, et qui n'avait pour but que d'empêcher la rentrée de l'air chaud.

Quant à l'efficacité de ce système, elle semble inférieure à

celle de la simple contre-vapeur. Voici, d'après des renseignements officieux, et sous toutes réserves les résultats que la Compagnie de Paris à Orléans a obtenus sur une machine à laquelle a
été appliqué le système Lechatelier : De nombreux essais ont
établi que la force retardatrice maxima est équivalente à une
admission de vapeur dans les cylindres, qui correspond à un coefficient d'adhérence de 1/10. Il est à présumer que la quantité de
chaleur convertie en travail mécanique externe pour la trans-
formation de l'eau en vapeur, facteur $A. p. u.$ (Voir l'exposé des
principes de la théorie mécanique de la chaleur par Ch. Combes,
Paris, 1867, Gauthier-Villers, quai des Augustins, 55), influence
le rendement par rapport à l'efficacité de l'appareil.

Nous avons donc tout lieu de croire que la force retardatrice,
produite par cette insufflation, n'est pas en rapport avec la
grande quantité de vapeur dépensée.

Un autre inconvénient, de nature très-grave, est la complica-
tion de la mise en train de l'appareil, qui exige une attention
toute spéciale de la part du mécanicien.

V. — *Frein à vapeur.* — *Système Landsée.*

En présence de tous les inconvénients, de toutes les insuffi-
sances des systèmes que nous venons d'examiner, nous avons
l'honneur de présenter un appareil, auquel nous avons donné le
nom de *frein à vapeur.* Cet appareil satisfait pleinement,
croyons-nous, à toutes les exigences de l'exploitation : Modéra-
tions des vîtesses des trains sur pentes et arrêts plus ou moins
subits. Il présente de plus un rendement efficace, économique et
rationnel. Et enfin, la mise en train de l'appareil se distingue par
une simplicité remarquable.

Le principe fondamental de notre appareil consiste dans le
refoulement, pendant toute la course, où à volonté seulement
pendant une fraction de la course du piston, de la vapeur de la
chaudière qui peut au moyen d'un nouveau tiroir venir à la rencontre du piston. L'enceinte du cylindre de ce côté est immédia-

ment envahie par la vapeur et le mouvement rétrograde du piston oblige cette vapeur à reprendre sa place primitive : la vapeur se trouve ainsi refoulée dans la chaudière tout en exerçant la plus grande force retardatrice possible et sans entraîner aucun des inconvénients signalés dans les autres appareils.

Par une combinaison de différents organes, nous avons réalisé l'expression mécanique de notre idée dont la première disposition a été faite (comme l'indique le dessin figure 1, 2, 3), à une machine à quatres roues accouplées de la Compagnie des chemins de fer de l'Ouest. — Des dispositions analogues ont été étudiées par nous pour des machines de différentes Compagnies ; et nous nous chargerions très-facilement de faire ces applications sur des machines existantes.

Pour obtenir une ouverture et une fermeture d'un tiroir, pendant qu'un piston se meut d'un point mort à l'autre, nous avons recours à un excentrique, qui est calé sous un angle de 90° par rapport à sa manivelle respective.

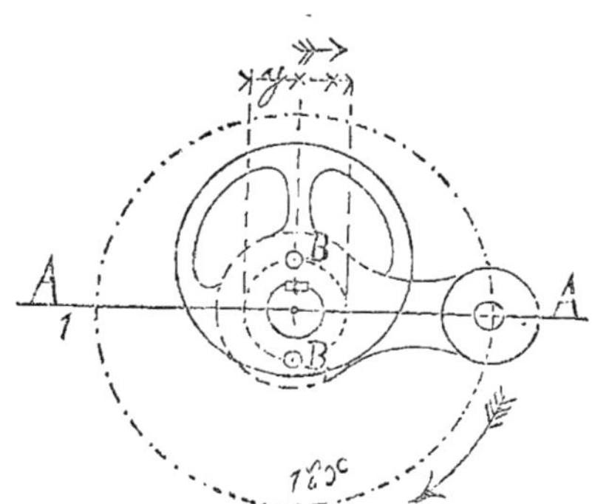

Donc, pendant que la manivelle part de son point mort A, décrit un angle de 180 et arrive en A', le point B de l'excentrique arrive en B', par suite le tiroir commandé par cet excentrique, a été poussé dans le sens de la flèche de la quantité X en

avant, et du même X en arrière : d'où renaît la possibilité d'ouvrir et de fermer une entrée de vapeur pendant qu'un piston se
meut d'un point mort à l'autre. — Une phase analogue se présente, dès que le piston se meut de A' vers A, avec cette seule
différence que l'ouverture et la fermeture se feront du côté opposé, en Y pendant que du côté X tout restera invariablement
fermé.

Reportons-nous maintenant au dessin.

Nous avons admis que le rayon d'excentricité et de 40 $^m/_m$:
par suite l'oscillation du nouveau tiroir O peut atteindre au maximum 40 $^m/_m$ de chaque côté de son axe.

Pour pouvoir se servir de l'appareil sans porter préjudice à la
marche ordinaire de la machine, et aussi l'employer à volonté
comme modérateur de vîtesse, nous faisons travailler l'excentrique
H sur une petite coulisse C suspendue à un support en bronze
qui est fixé contre un support de chaudière. Un deuxième arbre
de relevage l, placé en dessus de l'arbre de relevage ordinaire l,
est destiné par une combinaisons de leviers à porter le coulisseau C' dans la position C. Il suit de cette disposition que, pendant que le coulisseau C' se trouve dans la position C, l'oscillation
de la coulisse autour de son point de suspension ne produit aucun mouvement du tiroir, grâce à ce rayon C', C^2, de la coulisse.
C^2, resté alors avec le tiroir E, dans la position du dessin, et la
marche ordinaire de la machine peut s'effectuer sans inconvénients. La vapeur ayant toujours passage libre dans l'enceinte de
la boîte à tiroir E, exerce pendant la marche ordinaire de la
machine, une pression suffisante sur le tiroir E pour qu'il n'y
ait pas de fuites nuisibles à craindre.

La combinaison du mouvement des différents leviers a pour
but, d'une part de faire monter ou descendre le coulisseau C,
et d'autre part de fermer l'échappement par le tiroir D, ces
deux mouvements étant obtenus par une seule manœuvre.

C'est toujours dans ce but de simplifier les manœuvres que
nous avons adopté le changement de marche à vis, dèjà employé

par la Compagnie *P. L. M.*, seulement nous y faisons une légère modification, qui rend le mouvement de notre appareil excessivement simple.

Nous supposons que la machine se trouve à la tête d'un train en mouvement, et qu'on veut produire un arrêt. La position du changement de marche à vis correspond par exemple, au cinquième cran à partir du point mort, marche en avant.

La première manœuvre de la part du mécanicien, est de rabattre le petit levier à manivelle *A*, de manière à le faire passer de la position en pourtillé du dessin à celle indiquée dans la vue de côté : ce levier embraye alors avec une petite roue droite *A*, et établit une communication entre le mouvement à vis et celui qui est destiné à faire marcher l'appareil, entre *G* et *G*,. (L'embrayage de cette petite roue *A* peut du reste, servir dans la marche ordinaire, à empêcher les tendances à tourner auxquelles est exposée la vis du changement de marche par suite des secousses occasionnées par la coulisse).

La deuxième manœuvre consiste à tourner au volant *G*, en faisant revenir, par quelques tours, l'écrou de la vis du cinquième cran au premier à partir du point mort.

Les combinaisons des rapports des roues *A* et *G* est telle que le nombre des tours du volant *G*, nécessaire pour venir du cinquième au premier cran, fait faire à la petite roue *A* et à la roue *G* fixée sur le petit volant (qui commande tout le mécanisme de l'appareil) un nombre de tours suffisant pour amener *B'*, en *B*,,. Par ce déplacement de *B'*, en *B*,, le tiroir *O* ferme l'ouverture de l'échappement, le coulisseau est descendu de *C'* en *C*. Si nous observons maintenant ce qui va se passer dès que le piston *J* part dans le sens de la flèche, nous trouvons les résultats suivants.

Relevons d'abord un point très-essentiel : c'est que, au moment où nous supposons le départ, la position de l'écrou du changement de marche à vis correspond au premier cran dans le sens de la marche de la machine : c'est donc une position semblable à celle qu'exigeait le système des valves, précédemment décrit. (Commme on peut obtenir une force retardatrice maxima par ce cran, il n'y aura pas nécessité absolue de renverser la marche). Pour modérer la vitesse des trains on peut se dispenser de toucher à l'écrou de changement de marche, on ne tourne qu'au petit volant G :

Nous supposons le régulateur ouvert en plein.

Nous avons vu page 10, que le piston, pour ce cran de la distribution, dispose d'une introduction égale à 15 $_o/^o$: mais il n'aura pas parcouru ce chemin que déjà le côté opposé sera envahi par la vapeur venant de la chaudière ; l'ouverture d'admission grandit à mesure que le piston marche dans le sens de la flèche, et le tiroir E aura atteint son ouverture maxima, au moment où le piston I sera à moitié de sa course. Dès que le piston entre dans la phase de la contre-pression donnée par la distribution ordinaire, le tiroir E commence à ouvrir, pendant que le tiroir E s'apprête à fermer. Malgré cela, rien ne sera changé, et il n'y aura pas de compression exercée un seul instant, sur une portion de vapeur isolée, d'où l'on pourrait conclure à un surchauffement dans l'intérieur du cylindre.

En résumé, nous aurons comme force accélératrice au maximum 15 $^o/_o$ d'admission par suite de la fermeture de l'échappement, il se produit pendant ces 15 $_o/^o$ une légère compresion : car $O. l + 0,05. O. l + 0,12. O. l = 1,17. O. l$ a été réduit à un volume final de $1,17. O. l — 0,15 O. l = 1,02 O. l$: cette faible réduction, d'environ 1/8 du volume primitif, offre une compression trop insignifiante pour que ce mot *légère* ne soit pas motivé, d'autant plus que dans cette enceinte se trouvait une vapeur qui a subi une détente énorme. Pour ces 15 $^o/_o$ d'introduction, nous avons de ce côté du piston une détente de 50 $^o/_o$, pendant que le côté opposé est consacré au plein refoulement ; mais, l'échappement étant fermé, la détente continue jusqu'à ce que le piston soit arrivé du côté opposé de son point mort. Donc cette vapeur, de 15 $^o/_o$ d'introduction, occupera dès que le piston sera arrivé à son point mort opposé, un volume correspondant à $O.l + 0,05. O.l + 0,12. O.l = 1,17. O.l$ et la pression finale sera $= 1$ kgr 02.

On voit par conséquent que l'introduction de la vapeur allant à la rencontre du piston pourra atteindre très facilement 85 °/₀ et même plus par rapport à la course du piston.

Dès que l'arrêt de la machine est obtenu, on ferme le régulateur : le mécanicien ramène le levier A, dans la position pointillée du dessin, et à l'aide de quelques tours du volant GG il ramène B'' en B' : en même temps, le chauffeur aura soin d'ouvrir les purgeurs.

L'appareil peut aussi servir comme modérateur des vitesses des trains. Dans ce cas, on travaille isolément avec chacun des volants. Avec le petit volant G, on est maître de donner de la course au tiroir E, et on arrive graduellement à la position où le grand volant G, donne une admission accélératrice telle que la différence de ces deux admissions offre la force retardatrice demandée.

Conclusions.

Le système que nous venons de décrire, représente sans contredit la réalisation la plus complète d'un *frein à vapeur*, qui puise sa force retardatrice à la source même où s'emmagasine la force accélératrice de la machine, et qui peut donner très-facilement a volonté un arrêt rapide ou une modération de vitesse.

La facilité de la mise en train, — le rendement éminemment favorable, puisqu'il n'y a ni pertes de vapeur, ni frottements inadmissibles, — l'effet propice obtenu par la longue durée du refoulement, effet qui est peu énergique au premier instant et augmente en raison de la course du piston, mais jamais brusquement — tous ces points, d'une importance incontestable, sont représentés d'une manière rationnelle dans l'expression de cet appareil et nous font espérer qu'on voudra bien accueillir notre idée avec bienveillance.

Nous donnerons en dernier lieu un exemple qui soumis à nos calculs constate l'efficacité de notre appareil.

Les formules dont nous nous servons sont données par le célèbre professeur F. Redtenbacher et dérivent de l'ouvrage bien connu « *Die Gesetze des Locomotivbaues.* » Ces formules nous ont toujours démontré en y substituant des valeurs numériques une coïncidence remarquable entre leurs résultats et ceux obtenus par de nombreuses expériences.

Notre exemple se pose ainsi qu'il suit :

La machine à quatre roues accouplées, dont le dessin accompagne cette note (Type de la Compagnie du chemin de fer de l'Ouest) doit se trouver à la tête d'un train en mouvement à grande vîtesse.

Nous supposons que ce train est lancé au moment de notre observation à une vitesse de 55 kilomètres à l'heure ; au même instant il entre sur un palier et alors un arrêt dans le plus bref délai, provoqué par la plus urgente nécessité, doit être obtenu.

Nous demandons au calcul :

Quelle sera la longueur du chemin parcouru par le train, jusqu'à ce qu'un arrêt complet s'en suive en ayant recours à notre appareil ?

Le mécanicien a fait revenir l'écrou du levier de changement de marche jusqu'à peu près au point mort du secteur, de manière à ce qu'il nous soit permis de compter sur une admission accélératrice de 5 % par rapport à la course du piston.

Quant à notre appareil, il nous offre une admission de 95 % comme force retardatrice,

Or nous admettons que le train se compose de douze véhicules, dont

10 voitures chargés à 10 tonnes . . . . 100 tonnes .
Poids de la machine en service 31,5
et le poids du tender en service. 16,5
de sorte que nous aurons : Poids total du train T = 148 tonnes
Nous supposons que le tender et le break sont munis de freins

à sabots, qui au moment de notre observation sont serrés de manière qu'on puisse admettre un coefficient de 0,13.

Un point essentiel et que nous nous empressons de faire ressortir, c'est que nous admettons, que la valeur maximum de résistance, produite par la pression de la vapeur dans les cylindres, ne doit pas tomber en dessous de 1/6 du poids adhérent de la machine. On verra par la suite que nos calculs indiquent que nous nous trouvons au-dessus de ce maximum, d'où il est permis de conclure, que nos données ne sont point erronées.

La marche de nos calculs est la suivante:

Nous déterminons en premier lieu le travail mécanique en kilogrammmètres dont dispose le train au moment de notre observation.

Ce travail est à anéantir dans un certain nombre de secondes et dans le parcours d'une certaine longueur de chemin.

Nous supposons que l'anéantissement complet s'accomplit par un travail uniformément retardé, de sorte que le facteur de vîtesse devient pour ce travail uniformément retardé, en vue de la chûte de 55 kilomètres a l'heure à la valeur de zéro, moment de repos, la moitié de la vîtesse, que le train possédait au premier moment de notre observation.

Cette dernière vitesse établie, nous avons à considérer les forces retardatrices suivantes :

Forces retardatrices.

1. La force retardatrice, due à notre appareil et produite par une admission de vapeur, équivaut à 95 %, par rapport à la course du piston.

2. La force retardatrice produite par le frottement des fusées et le frottement du roulement à la circonférence des roues des véhicules non munis de freins à sabots.

5. La résistance produite par les deux véhicules (Tender et Breack), que nous supposons munis de freins à sabots qui au

moment de l'observation sont serrés de telle sorte que l'on puisse admettre un coefficient de frottement de 0,13.

4. La résistance de l'air, dûe au train en mouvement, en ayant égard toutefois à sa longueur et à sa vitesse.

De plus nous avons soin de ne pas négliger l'influence dûe à une admission accélératrice de 5 % par rapport à la course du piston.

De la somme de toutes ces forces retardatrices il en résulte une principale, qui avec la vitesse (facteur du travail uniformément retardé, énoncée ci-dessus) exprime un certain travail en kilomètres par seconde. En divisant le travail total qui est à anéantir par celui que nous avons déterminé en dernier lieu, nous obtenons le nombre de secondes nécessaires pour effectuer l'arrêt complet ; le produit de ce nombre de secondes par le facteur qui exprime notre vitesse (travail uniformément retardé) donnera en mètres la longueur du chemin que le train a à parcourir jusqu'à son arrêt complet.

Nous donnons ci-dessous la légende explicative de la valeur de nos chiffres et de la désignation de nos lettres.

Légende de la machine à 4 roues accouplées, type de la Compagnie du chemin de fer de l'Ouest.

Poids de la machine en service	31500^{kos}
Poids adhérent des 4 roues accouplées . . .	22000^{kos}
Traction avec un coefficient d'adhérence 0,14	$3080^{kos} = W_0$
Surface de chauffe totale de la machine . . .	93^{mtq}
Pression effective de la vapeur dans la chaudière	9^{kos}
Tension effective par mètre carré de la vapeur dans les cylindres.	$75000^{kos} = p$
Diamètre des roues accouplées.	$1^m,910 = D$
Diamètre du piston	$0^m,420$
Surface d'un piston en mètres carrés	$0^{mg}1384 = Q$
Course du piston	$0^m,560 = l$

Chemin parcouru par le piston au moment
d'une admission interceptée. . . . . . . $\qquad = l_1$

Vitesse du train en mètres et par seconde au
moment de notre observation . . . . . . $= 15^{mt} 27 = V_1$

Vitesse du piston en mètres et par seconde $= \dfrac{V_1 \times 2 \times l}{\pi \times D} = 2^{mt} 85 = v_1$

Vitesse du train en mètres et par seconde pendant que l'anéantissement s'accomplit . . . $= 7,63 = V$

Vitesse du piston . . . . $= 1,42 = v$

Coefficient de l'espace nuisible. . . . . . . $0,05 = m$

Chaque admission de vapeur exprimée en $\frac{l_1}{l}$ offre un coefficient k à déterminer d'après la formule de Navier :

$$k = \frac{l_1}{l} + \left(\frac{l_1}{l} + m\right) \log. \text{ nat. } \frac{l + m \times l}{l_1 + m \times l}$$

Pour trouver le poids Δ d'un mètre cube de vapeur à la pression p nous nous servons de la formule

$$\Delta = \alpha + \beta \times p \quad \text{d'où}$$

$$\alpha = 0,1427, \quad \beta = 0,0000473 \quad \text{et } \alpha/\beta = 3018$$

Surface frontale de la machine en ^{mtq} . . . . . . $8^{mtq} = F$

Surface frontale d'un wagon . . . . $4^{mtq} = f$

Nombre de véhicules dont le train se compose . . $12 = i$

<hr>

Travail mécanique du train.

Le travail mécanique du train, au moment de notre observation, devient d'après la formule bien connue :

$$\frac{V_1^2}{2g} \times T = \frac{15,27^2}{2.9,81} \cdot 148000$$

donc le travail mécanique à anéantir est de 1758832 ^{klgmetres}

Pour obtenir l'anéantissement de ce travail il découle de ce que nous venons de démontrer que nous avons à déterminer :

1. La force retardatrice W, due à une admission de 95 $\%$ par rapport à la course du piston et donnée par la mise en évidence de notre appareil.

Nous avons alors la formule :

$$\frac{0 \times 2 \times v}{V}\left(\frac{\alpha}{\beta}+p\right)k = W \quad\ldots\ldots\quad a.)$$

On observera que le coefficient k dérive de la formule énoncée ci-dessus.

$$k = \frac{l_1}{l}+\left(\frac{l_1}{l}+m\right)\text{ log. nat. }\frac{l+m\times l}{l_1+m\times l}$$

en mettant dans cette formule les valeurs numériques suivantes :

$l = 560$ $l_1 = 532$ $\frac{l_1}{l} = 0,95$ et $m = 0,05$ nous obtenons :

$$k = 0,95 + (0,95 + 0,05)\text{ log. nat. }\frac{560 + 0,05 \times 560}{532 + 0,05 \times 560}\text{ d'où}$$

$$k = 0,9987$$

de sorte que la formule $a.)$ devient

$$W = \frac{0,1384 \times 2 \times 1,42}{7,63}(3018 + 75000)\,0,9987$$

$$W = 4012,69^{\text{kos}}$$

Déterminons maintenant et en suivant une marche semblable l'influence dûe à une admission accélératrice de 5 °/₀ par rapport à la course du piston.

A cet effet nous nous servons de nouveau de la formule $a.)$ avec la seule différence que dans ce cas k devient

$$k_1 = 0,05 + (0,05 + 0,05)\text{ log. nat. }\frac{560 + 0,05 \times 560}{28 + 0,05 \times 560}$$

$$= 0,2851$$

nous avons alors d'après la formule $a.)$

$$W_1 = \frac{0,1384 \times 2 \times 1,42}{7,63} \cdot (3018 + 75000)\,0,2851$$

$$W_1 = 1145,51^{\text{kos}}$$

Par la soustraction de $W\text{-}W_1$ nous obtenons la force retardatrice en k^{os} par seconde qui se met en évidence grâce à notre appareil et qui est égale :

$$4012,69 - 1145,51 = 2867,18^{\text{kos}}$$

Nous observons à cette occasion que la machine dispose d'un poids adhérent de 22000 k^{os} ; le coefficient d'adhérence, dans notre cas particulier, devient alors :

$$\frac{2867,18}{22000} = 0,13 \text{ ou } {}^1/7,6 \text{ du poids adhérent total}$$

d'où nous concluons que le patinage de la machine n'est guère possible.

2. Nous avons ensuite la force retardatrice produite par le frottement des fusées et le frottement du roulement à la circonférence des roues des véhicules non munis de freins à sabots.

Ce nombre s'élève à 8 et leur poids respectif :

$$8 \times 10000 = 80000 \text{ kos}$$

D'après les essais des MM. Gouin et Lechatelier (Perdonnet, IIIe volume, dernière édition) nous pouvons admettre pour la résistance totale d'un train, ayant une vitesse de 27,5 kilomètres à l'heure, un coefficient de résistance de 0,003 du poids total des huit véhicules.

$$\text{Donc } 80000 \times 0,003 = 240 \text{ kos}$$

3. La résistance produite par les deux freins à sabots, celui du tender et du breack, en les supposant les deux serrés au moment de notre observation :

Poids du tender $= 16500 \text{ kos}$ donc $16500 \times 0,13 = 2145 \text{ kos}$

Poids du breack $= 10000 \text{ kos}$ » $10000 \times 0,13 = 1300 \text{ kos}$

4. La résistance de l'air produite par le mouvement de douze véhicules et qui d'après la formule donne :

$$0,0704 \left(F + \frac{1}{4} i \times f \right) V^2$$

$$0,0704 \left(8 + \frac{1}{4} \times 12 \times 4 \right) 7,63^2 = 81,9 \text{ kos}$$

En faisant la somme des forces retardatrices 1, 2, 3 et 4 nous obtenons le résultat suivant :

$$2867,18 + 240 + 2145 + 1300 + 81,9 = 6634,08 \text{ kos}$$

d'où il suit que nous disposons d'un effet dynamique par seconde ayant $V = 7,63$:

$$6634,08 \times 7,63 = 50618,03 \text{ kgmt par seconde}$$

Tout le travail mécanique du train à anéantir est donc comme nous l'avons démontré ci-dessus

$$1758832 \text{ kgmt}$$

donc le laps de temps demandé

$$\frac{1758832}{50618,03} = 34,7 \text{ secondes.}$$

Et le chemin parcouru par le train devient alors :

$$34,7 \times 7,63 = 263,9^{\text{mtrcs}}$$

En procédant de la même manière et en introduisant dans le calcul des vitesses différentes, nous obtenons les résultats consignés dans le tableau suivant :

Vitesse du train en kilomètre à l'heure	Nombre de secondes pour arrêt complet	Chemin parcouru par le train jusqu'à arrêt complet
55 ^{kil}	34.7	263 ^{n}
45	28.49	178.56
35	21.92	106.55
25	11.1	38.54

Imprimerie L. L. Bader à Mulhouse.

9 782019 970116